CONCERT SPIRITUEL

OU

LE PEUPLE JUIF

D'ELIVRE' PAR ESTHER,

IDYLLE

Composé par M. de B...

ET MIS EN MUSIQUE,

Par M. MOREAU *Maiſtre de Muſique, & Penſionnaire du Roy.*

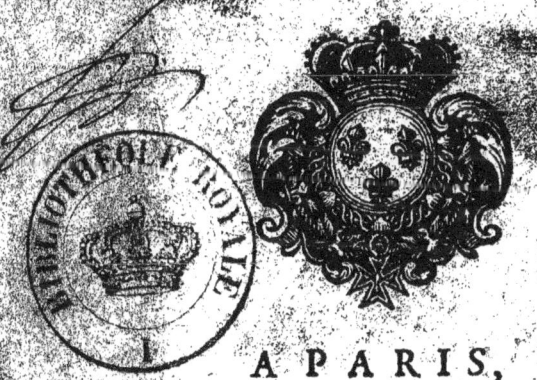

A PARIS,
Par Christophe Ballard, ſeul Imprimeur du Roy
pour la Muſique, ruë S. Jean de Beauvais,
au Mont-Parnaſſe.

___

M. DC. XCVII.

PREFACE.

J'AY donné à cet Ouvrage le nom d'Idylle, comme celuy qui m'a paru le plus convenable à une Piece qui consiste presque toute en Recits, & dans laquelle il ne se passe proprement aucune action sur la Scene.

Mon premier objet a esté de donner de la liaison à quelques Chœurs tirez d'Esther & d'Athalie, & d'en composer un Concert qui eust de la suite : Mais ayant sceu que M. Racine ne trouvoit pas bon qu'on mêlast ainsi ses Vers parmy d'autres (quoy que d'abord il eust paru l'agréer) J'ay substitué de nouveaux Chœurs de ma façon au lieu des siens, pour ne pas laisser inutile la Musique admirable que M. Moreau avoit composée sur ces liaisons dont je viens de parler.

On peut croire que si je m'estois d'abord proposé de donner une Piece complete, je l'aurois non-seulement renduë plus reguliere, mais que j'aurois choisy un sujet plus neuf que celuy de la délivrance des Juifs par Esther, ne pouvant rien faire qui ne fust fort au dessous de ce que M. du Ryer & M. Racine ont composé sur ce mesme sujet.

Au reste on me reprochera peut-estre que j'ay mis en usage plusieurs pensées & plusieurs expressions dont ce dernier Auteur s'est servy : Je pourrois m'en deffendre en disant qu'il les a tirées de l'Ecriture Sainte, & que j'ay pu les puiser dans la mesme source ; Mais j'ayme mieux avoüer un larcin, qui me paroist trop honorable pour le dissimuler ; En effet rien ne me paroist plus difficile que d'employer avec succés dans un ouvrage fait pour la Musique, je ne dis pas un Vers entier, mais seulement un Hemistiche dérobé à M. Racine.

PERSONNAGES.

ARDOCHÉE Chef du Peuple Juif Captif chez les Assyriens.

ABNER.

JONATAS.

ELISE Femme d'Abner.

TROUPE D'ISRAELITES, de l'un & de l'autre sexe.

La Scene est dans une Maison solitaire prés de Suze.

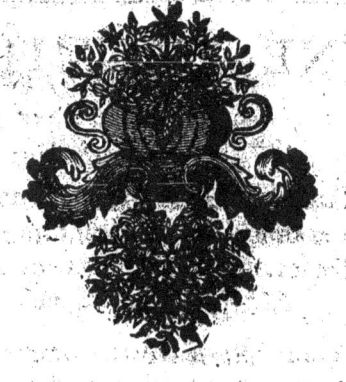

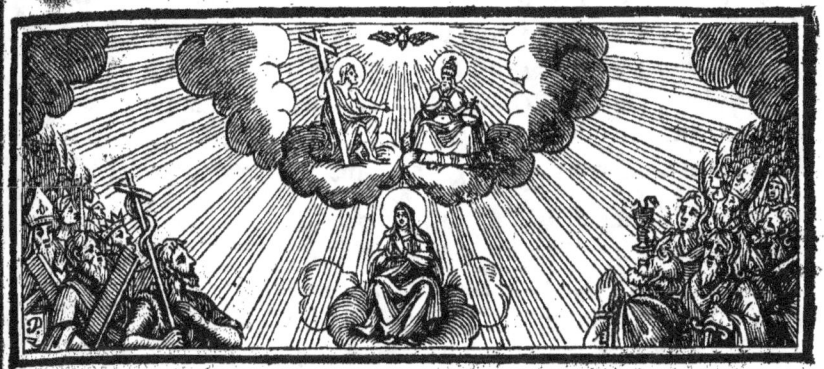

LE PEUPLE JUIF
DELIVRÉ PAR ESTHER,
IDYLLE.

SCENE PREMIERE.
ELISE.

Accourez, mes Sœurs, accourez:
Les ombres de la nuit font place à la lumiere;
De ses rayons naissants ces lieux sont éclairez;
Accourez, mes Sœurs, accourez.

Avant que le Soleil commence sa carriere,
Commençons à benir l'Autheur de l'Univers;
Elevons jusqu'à luy nos cœurs & nos Concerts;
Chaque moment de nostre vie
Fait voir que sa bonté pour nous est infinie;
Qu'à chanter ses bien-faits nos jours soient consacrez:
Accourez, mes Sœurs, accourez.

A iij

Ecoûtez les Oiseaux sous ces prochains feüillages;
Dés que le jour paroist, d'un pur zele animez
  Au Seigneur qui les a formez,
Ils rendent par leurs chants un innocent hommage:
Et nous qui luy devons mille fois d'avantage
Aurons-nous donc pour luy des soins moins empressez?
  O funeste, ô honteux silence!
  Tous les instans que j'ay passez
Sans publier ta gloire & ma reconnoissance,
Puissent-ils de mes ans, Seigneur, estre effacez.
  Que tardez-vous troupe fidelle?
  Et qui peut ralentir le zele
  Dont vos cœurs estoient penetrez?
  Accourez, mes Sœurs, accourez.

SCENE SECONDE.

ELISE, Troupe de Femmes Israëlites.

ELISE.

Voicy le jour où dans leurs Sacrifices,
Sur l'auguste Sion, nos fortunez ayeux
De leurs fertiles champs consacroient les premices
  Au Dieu de la Terre & des Cieux.
Pour celebrer ce jour suivant l'antique usage,
Des restes d'Israël le Chef prudent & sage,
Mardochée, en secret nous rassemble en ces lieux:
Nos Freres avec luy doivent bien-tost s'y rendre.
  Mais je croy déja les entendre:
Je les voy: commençons nos Cantiques sacrez.
Grand Dieu! sans les malheurs qu'ont attiré nos crimes,
  Que tes Autels seroient parez!
  Que d'encens, combien de victimes
T'offriroient en ce jour & ton Peuple & ses Rois.

Idylle.

Dans noſtre eſclavage funeſte,
Helas! l'uſage de la voix
Eſt l'unique bien qui nous reſte:
Chantons; que nos tendres accens
Nous tiennent lieu de victime & d'encens.

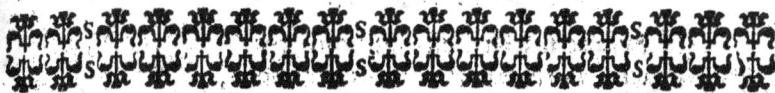

SCENE TROISIE'ME.

ABNER, ELISE, Troupe d'Hommes Iſraëlites, Troupe de Femmes Iſraëlites.

ELISE.

Nous preparions nos voix pour commencer la feſte:
J'ay crû que Mardochée accompagnoit vos pas:
Mais pourquoy ne paroiſt-il pas?
Puis-je ſçavoir ce qui l'arreſte?

ABNER.

Ardent à conſerver les reſtes d'Iſraël,
Avant que de nous ſuivre il a voulu s'inſtruire
Si le perfide Aman, noſtre ennemy cruel,
N'oſe rien tenter pour nous nuire:
Allez, nous a-t'il dit, & commencez toûjours
A loüer le Seigneur votre unique recours.

UN ISRAELITE *faiſant la fonction de Grand Preſtre.*

Seigneur! au lieu des premices
Que t'offroient jadis les Hebreux,
Au lieu de leurs Sacrifices,
Reçoy nos chants & nos vœux.

Le Chœur repete ces quatre Vers.

LE MESME ISRAELITE.

N'attens plus d'Israël cet éclatant hommage
    Qu'il te rendoit dans sa splendeur :
A peine pouvons nous en retracer l'image :
Nostre impuissance, helas ! égalle notre ardeur.

CHOEUR.

Seigneur ! au lieu des premices
Que t'offroient jadis les Hebreux,
Au lieu de leurs Sacrifices,
Reçoy nos chants & nos vœux.

LE MESME ISRAELITE.

Chantons ; que nostre voix réponde
A celle de tout l'Univers :
Avec tous les Estres divers
Loüons le Createur du monde :
    Publions à jamais
    Sa gloire & ses bien-faits.

Les Cieux celebrent sa puissance
Par leurs Concerts harmonieux :
Les Astres sans cesse à nos yeux
Font briller sa magnificence :
    Publions à jamais
    Sa gloire & ses bien-faits.

CHOEUR.

Chantons ; que nostre voix réponde
A celle de tout l'Univers :
Avec tous les Estres divers
Loüons le Createur du monde :
    Publions à jamais
    Sa gloire & ses bien-faits.

UNE ISRAELITE.

Le jour témoin de sa gloire
L'annonce au jour qui le suit ;
La nuit en parle à la nuit :
Et peut on ne les pas croire ?

Idylle.

Leur langage est ingenu :
En tous lieux il est connu :
Tout, jusqu'au silence mesme,
Revele de ce Dieu la puissance suprême.

UN ISRAELITE.

Que ses ouvrages sont beaux !
Si quelque objet peut nous plaire,
C'est l'Astre qui nous éclaire,
Quand il sort du sein des Eaux :
Dés qu'il paroist tout commence
A revivre, à se mouvoir :
Sensibles à sa presence
Les fleurs s'ouvrent pour le voir.

LA MESME ISRAELITE.

Contente de son retour
L'Aurore seiche ses larmes :
Un Epoux dans son plus beau jour
A mille fois moins de charmes.

LE MESME ISRAELITE.

En un moment, des plus vives couleurs
Il peint le Ciel, la Terre, & l'Onde ;
Il y répend ses utiles chaleurs ;
Il rend par ses regards la nature feconde.

UN SECOND ISRAELITE.

De son divin Createur
Cet Astre si brillant n'est qu'une foible image ;
Ah ! quel doit estre l'Autheur
D'un si merveilleux ouvrage !

TOUS TROIS ENSEMBLE.

De son divin Createur
Cet Astre si brillant n'est qu'une foible image ;
Ah ! quel doit estre l'Autheur
D'un si merveilleux ouvrage ;
Publions à jamais
Sa gloire & ses bien-faits.

CHOEUR.

Chantons; que noſtre voix réponde
A celle de tout l'Univers:
Avec tous les Eſtres divers
Loüons le Createur du monde:
Publions à jamais
Sa gloire & ſes bien-faits.

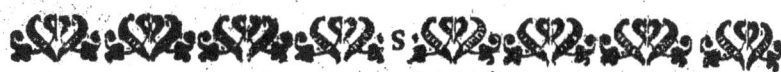

SCENE QUATRIE'ME.

MARDOCHE'E, ABNER, ELISE.
Troupe d'Iſraëlites.

ELISE.

Que vois-je? Quel objet! Mardochée! ô mon Pere!
Que nous annoncez-vous par ce Cilice affreux?
Pourquoy dans ce ſaint jour, d'une triſte pouſſiere
Avez-vous couvert vos cheveux?

MARDOCHE'E.

O Peuple malheureux!
O vengeance barbare!

ELISE.

Ciel! un mortel effroy de tout mon cœur s'empare.

MARDOCHE'E.

Par un Edit cruel nous ſommes tous proſcrits:
Du ſanguinaire Aman c'eſt l'ouvrage funeſte:
Par ce Miniſtre impie Aſſuerus ſurpris
Veut détruire des Juifs le miſerable reſte:
Le glaive contre nous ſe prepare en tous lieux:
Il ne doit épargner ny le ſexe ny l'âge:
O Lumiere! ô Soleil! ô Cieux!

Idylle.

Pourrez-vous éclairer cet horrible carnage ?
Terre, le verras-tu sans en fremir d'horreur ?
O d'un monstre farouche inhumaine fureur !
  C'est peu que nous cessions de vivre,
Que de tout nostre sang le barbare s'enyvre,
Nos restes malheureux sont donnez aux Vautours :
Déplorable Israël où sera ton secours ?
  Ton Dieu pour toy n'est plus le mesme ;
Tes crimes ont lassé sa patience extrême ;
Et tu touches peut-estre au dernier de tes jours.

MARDOCHE'E, ABNER ET ELISE ENSEMBLE.

  Ah ! que de malheurs ! que de peines !
   Dans quel abysme affreux
   Sont plongez les Hebreux ?

ABNER.

Gemissans, accablez sous le poids de leurs chaînes,
C'est peu qu'ils soient captifs, on les veut égorger.

TOUS TROIS ENSEMBLE.

  Ah ! que de malheurs ! que de peines !
   Dans quel abysme affreux
   Sont plongez les Hebreux ?

ELISE.

Dieu, nostre Dieu luy-mesme, en ce pressant danger
Semble avoir oublié ses bontez souveraines.

TOUS TROIS ENSEMBLE.

  Ah ! que de malheurs ! que de peines !
   Dans quel abysme affreux
   Sont plongez les Hebreux ?

ABNER.

C'en est trop, & je cede au transport qui m'anime :
Quoy ? voir impunément tout nostre sang couler ?
Prevenons le cruel qui nous veut immoler :

    Il faut que de son propre crime
    Il soit la premiere victime :
Si nous devons perir entraînons avec nous
    Ce barbare qui nous opprime :
Dieu guidera luy-mesme & nos pas & nos coups :
A vanger nostre sang sa gloire l'interesse :
Peut-estre en ce moment rappellant sa tendresse
Il prend pitié des maux que nous avons soufferts :
Au secours d'Israël il me conduit peut-estre :
Par des coups moins preveus son bras s'est fait connoistre,
Par de plus foibles mains il a brisé nos fers.

MARDOCHE'E.

Ce zele, illustre Abner, est digne de vos peres :
Si pour confondre Aman, pour finir nos miseres
    Il falloit le bras d'un Heros,
Sur le vostre Israël fonderoit son repos :
Mais lorsque Dieu veut faire éclater sa puissance,
A de plus foibles mains il commet sa vengeance ;
Les Enfans des Hebreux deux fois l'ont éprouvé ;
Deux fois par une femme Israël fut sauvé :
Une femme suffit pour le sauver encore :

O Sagesse éternelle ! Amour ! faites éclore
Le merveilleux dessein que vous avez conduit ;
Achevez : Que par vous Assuerus instruit
    Du secret fatal qu'il ignore,
Rende aux tristes Hebreux une paix qui les fuit :
Descendez, montrez-vous verité que j'implore.

Allons, cher Jonathas, peut-estre qu'en ce jour
Le concours de vos soins me sera necessaire :
Vous, Enfans d'Israël, attendez mon retour
    Cachez dans ce lieu solitaire :
Pour obtenir du Ciel un destin plus heureux,
Prestez-moy seulement le secours de vos vœux.

SCENE CINQUIE'ME.

ABNER, ELISE, Troupe d'Israëlites.

CHOEUR.
O Mortelles allarmes!
UNE ISRAELITE.
Barbare sort!
LE CHOEUR.
Funeste jour!
UNE ISRAELITE.
C'estoit peu que Sion eust perdu tous ses charmes:
LE CHOEUR.
O mortelles allarmes!
UNE ISRAELITE.
Israël perit sans retour:
LE CHOEUR.
Barbare sort!
UNE ISRAELITE.
Funeste jour!
LE CHOEUR.
O mortelles allarmes!

ABNER.

Elise ! ô regrets superflus !
Ma chere Elise, helas ! je ne vous verray plus !
Sous une heureuse chaîne
Unis depuis deux jours,
Nous commencions à peine
A goûter la douceur de nos chastes amours.

Se peut-il qu'un glaive barbare
Ose trancher de si beaux nœuds ?
Faut-il qu'un coup affreux
Pour jamais nous separe ?
Elise ! ô regrets superflus !
Ma chere Elise, helas ! je ne vous verray plus !

ELISE.

C'est un destin indispensable
Qui suit tous les biens d'icy bas ;
Plus un bien a d'appas
Et moins il est durable.

Je vous aimois trop tendrement ;
De cet extrême attachement
Le Ciel s'est offencé peut-estre :
Il nous en punit aujourd'huy.
Non, il n'a pû souffrir que vous fussiez le maistre,
D'un cœur fait pour n'aymer que luy.

ABNER.

Croyez-vous que le Ciel s'offense
D'un feu plein d'innocence,
Que luy-mesme en nos cœurs a pris soin d'allumer ?
Helas ! si mon amour attire sa vangeance,
Pourquoy vous rendoit-il si propre à me charmer ?

ELISE.

Cessons de rappeller un souvenir trop tendre :
Fuyez, mon cher Abner, fuyez sans plus attendre ;

Eloignez-vous de ces funestes lieux:
A ma fidelle ardeur faites ce sacrifice:
Epargnez-moy l'effroyable supplice
De vous voir perir à mes yeux.

ABNER.

Ciel! quels discours! injuste Elise!
Quels conseils m'osez-vous donner?
Quand la fuite en effet pourroit m'estre permise,
Pourrois-je vous abandonner?

ELISE.

Que peut icy vostre presence?
Faut-il donc que ma mort ayt vos yeux pour témoins?

ABNER.

Vous vanger & mourir c'est là mon esperance.

ELISE.

Helas! en periray-je moins?

ABNER.

J'auray la douceur de vous suivre.

ELISE.

C'est me faire expirer par un double trépas:
Ah! vivez s'il se peut.

ABNER.

Je pourrois vous survivre?
Non, chere Elise, non; vous ne le croyez pas.

ELISE.

Pourveu que vous viviez, je mourray trop contente:
Tout mon bonheur s'atache au sort de mon Epoux:
La mort n'a rien qui m'épouvante:
Non, je ne la crains que pour vous.

ABNER.

Ah! d'un sort si cruel que n'estes vous exempte!
J'attendrois sans fremir ses plus terribles coups.

ENSEMBLE.

La mort n'a rien qui m'épouvante :
Non ; je ne la crains que pour vous.

UNE ISRAELITE *à qui le Chœur des Femmes Israëlites répond.*

Pleurons : qui pourroit se deffendre
De verser des torrents de pleurs ?
   Dans de pareils malheurs
   On n'en peut trop répendre.

UN ISRAELITE *à qui le Chœur des Hommes Israëlites répond.*

Arrachons nos vains ornements ;
   L'horrible Feste
   Qu'on nous apreste
Demande d'autres vestements.

LE CHOEUR.

Pleurons : qui pourroit se deffendre
De verser des torrents de pleurs ?
   Dans de pareils malheurs
   On n'en peut trop répandre.

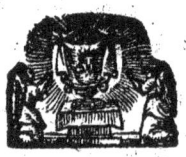

SCENE

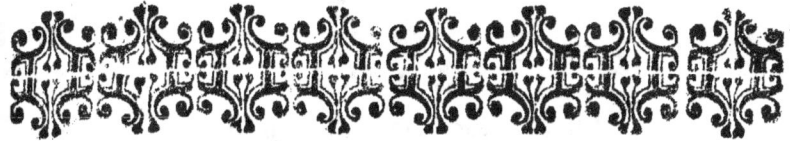

SCENE SIXIE'ME,
ET DERNIERE.

ABNER, JONATAS, ELISE.
Troupe d'Israëlites.

JONATAS.

O L'heureux jour !
Israël triomphe à son tour :
Banissons nos allarmes :
Sion réprend tes charmes :
O l'heureux jour !
Israël triomphe à son tour.

ELISE.

Quoy donc ? le Ciel enfin prend pitié de nos peines ?

JONATAS.

Esther, l'aimable Esther vient de briser nos chaînes.

ABNER.

Esther ? d'Assuerus l'épouse & les amours ?
Par quel bonheur inconcevable
Un peuple proscrit, miserable,
A-t'il pû s'attirer un si puissant secours ?

JONATAS.

Cette Esther (qui l'eust dit ?) cette charmante Reine,
Qui doit à sa beauté sa grandeur souveraine,
Est la fille d'un Juif, est du sang de nos Rois.

ELISE.

Juste Ciel !

JONATAS.

En un mot, niece de Mardochée.
Il la fit élever solitaire & cachée,
Jusques au jour fameux où par un heureux choix
Le cœur d'Assuerus se rangea sous ses loix :
Elle dissimuloit son pays & sa race :
Mais, instruite aujourd'huy de nos derniers malheurs,
Elle s'est fait connoistre ; & par ses tendres pleurs
Devant ce fier Lion elle a sceu trouver grace ;
Elle a détruit d'Aman l'imposture & l'audace.

ELISE.

Dieu ! qui peut concevoir tes merveilleux desseins ?

ABNER.

Tu tiens le cœur des Rois dans tes puissantes mains.

ELISE.

O Reine ! que toûjours le Ciel te soit propice.

JONATAS.

Par elle détrompé de sa fatale erreur,
Le Roy de son Edit deteste l'injustice :
Déja l'impie Aman a subi le supplice
  Que nous preparoit sa fureur :
Mardochée est comblé de puissance & de gloire :
Avec la liberté nos biens nous sont rendus :
  Nos ennemis sont confondus ;
Leur sang nous est livré : par des chants de victoire
De ce jour à jamais consacrons la memoire.

CHOEUR.

  O l'heureux jour !
 Israël triomphe à son tour :
  Banissons nos allarmes :
  Sion réprends tes charmes :
  O l'heureux jour !
 Israël triomphe à son tour.

Idylle.

UN ISRAELITE.

Aprés tant de malheurs,
Quelle main favorable,
Comme un Zephire agreable,
Vient essuyer nos pleurs ?

UNE ISRAELITE.

Aprés des nuits si sombres,
Quel astre par son retour
A dissipé les ombres,
Et ramené le jour ?

TOUS DEUX ENSEMBLE.

C'est Esther que le Ciel fit naistre
Pour le salut des Hebreux ;
Celebrons son grand nom, qu'à nos derniers neveux
Nos chants le fassent connoistre.

UN ISRAELITE.

Sion tu vas renaistre :
Beny cet heureux jour :
Honore le retour
De ton aimable Maistre :
Il revient habiter
Dans tes saintes retraites :
Que de douceurs parfaites
Tes Enfans vont goûter !
Sion tu vas renaistre :
Beny cet heureux jour :
Honore le retour
De ton aimable Maistre.

UN ISRAELITE.

Sa sainte paix enfin va descendre sur nous
De mille attraits suivie :
Que pour un bien si doux,
Sion le glorifie.

UNE ISRAELITE.

O douce paix!
Descendez, paix charmante
Ne nous quittez jamais;
Surpassez nostre attente
Par vos biens faits.

Le Chœur repete ces cinq derniers Vers.

FIN.

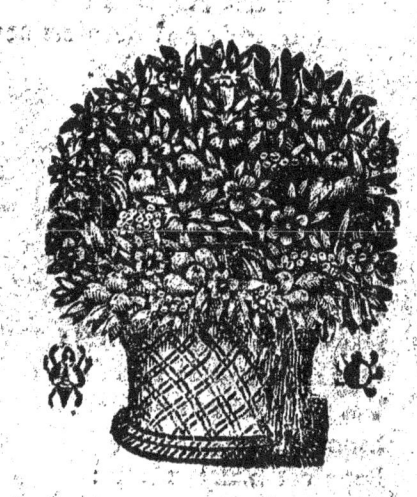

www.ingramcontent.com/pod-product-compliance
Lightning Source LLC
Chambersburg PA
CBHW030113230526
45471CB00003B/1394